AF351214

FÉROCE
VEUT ALLER A L'ÉCOLE

THÉÂTRE

www. Pour-enfants.fr

© Claude Marc - 18 Rue Rochebrune - 93100 Montreuil.

Première publication en ligne en 1998
Première édition sous forme de livre numérique en juin 2012
(ISBN 979-10-91524-05-6)

Imprimé par CreateSpace

Dépôt légal : Juillet 2013. ISBN 979-10-91524-13-1

Loi n° 49-956 du 16 juillet 1949 sur les publications destinées à la jeunesse

Quelques mots de l'auteur

Féroce veut aller à l'école est une petite pièce de théâtre pour enfants. Ce texte prolonge *Gourmand ne veut pas aller à l'école*. L'histoire se termine par *Après l'école*. Les 3 textes sont autonomes mais peuvent également être joués ou lus ensemble. Ils forment un tout cohérent.

***

Féroce veut aller à l'école pour apprendre les choses essentielles de la vie. Il veut savoir dévorer sa proie d'un seul coup de dents…

J'ai été instituteur plus de 30 ans. J'ai écrit ces textes au moment de la rentrée scolaire, période où les enfants ont besoin d'être rassurés. J'avais envie de donner aux enfants le goût d'apprendre et d'aller à l'école.

Claude Marc

Féroce veut aller à l'école

Théâtre pour enfants

Féroce veut aller à l'école

Féroce le crocodile veut aller à l'école. Il essaie de convaincre l'instituteur du village qu'il sera un bon élève.

FÉROCE

Les enfants vont à l'école, les ours vont à l'école… Pourquoi pas les crocodiles ? Ce serait bien si les crocodiles allaient à l'école…

L'INSTITUTEUR

Et qu'est-ce que tu aimerais apprendre si tu allais à l'école ?

FÉROCE

J'aimerais apprendre… J'aimerais apprendre à dévorer ma proie d'un seul coup de dents ! Voilà ce que j'aimerais apprendre !

L'INSTITUTEUR

On ne va pas à l'école pour manger ses petits camarades, voyons !

FÉROCE

Ah bon ! C'est pourtant agréable de manger ses petits camarades… Moi ça me plaît bien ! Mais alors, qu'est-ce que je pourrai bien y apprendre, dans votre école, Monsieur l'Instituteur ?

L'INSTITUTEUR

Dans mon école tu pourras apprendre les choses essentielles de la vie… Ce qui compte le plus pour un crocodile… Ce qui plus tard lui sera le plus important lorsqu'il sera un crocodile adulte… Voilà ce que tu pourras apprendre dans mon école !

FÉROCE

"Les choses essentielles de la vie… Ce qui compte le plus pour un crocodile… Ce qui plus tard lui sera le plus important lorsqu'il sera un crocodile adulte… "

Voilà qui me plaît ! Je vais apprendre à me camoufler en gros tronc d'arbre pour tendre un piège aux promeneurs imprudents !

Je vais apprendre à me cacher dans les marécages pour guetter les ibis et les flamands roses !

Et surtout, surtout…

Je vais apprendre à dévorer ma proie d'un seul coup de dent !

Oh Monsieur l'Instituteur ! Quel bonheur pour moi d'aller dans votre belle école et d'y apprendre toutes ces choses merveilleuses ! Je me vois déjà, au milieu de tous ces petits écoliers appliqués et dodus, parmi tous ces enfants bien nourris, grassouillets même, avec leurs jolis petits visages joufflus…

L'INSTITUTEUR, *à part.*

Cet imbécile ne mettra jamais les pieds dans mon école !

FÉROCE

Pardon, Monsieur l'Instituteur… Je n'ai pas bien entendu… Vous disiez ? Donc, pour mes fournitures, Monsieur l'Instituteur ?

L'INSTITUTEUR, *à part.*

Ce crétin ferait mieux de retourner dans ses marécages pour s'y noyer ! Je n'en veux pas dans mon école !

FÉROCE

Les cahiers, je les prends à grands carreaux ou à petits carreaux ?

Dites, Monsieur l'Instituteur…

Sinon je pense rester à la cantine et au goûter…

Pour le dessert ne vous tracassez pas… Quelques lapins, une poignée de souris à grignoter ou des grenouilles, ce sera parfait… A la limite… A la limite si un de vos petits écoliers se montrait indiscipliné, mais ça restera entre nous…

L'INSTITUTEUR

Animal stupide, tu ne mettras pas les pieds dans mon école !

FÉROCE

Mais… Pourquoi ? Je veux aller à l'école, moi !

L'INSTITUTEUR

Pas question !

FÉROCE

Mais… Monsieur l'Instituteur, je veux apprendre les choses essentielles de la vie ! JE VEUX ALLER A L'ÉCOLE !

L'INSTITUTEUR

Pas question ! Du balai !

FÉROCE

Mais… Monsieur l'Instituteur, je veux apprendre ce qui compte le plus pour un crocodile ! JE VEUX ALLER A L'ÉCOLE !

L'INSTITUTEUR

Non ! Tu ne mettras pas les pieds dans mon école ! Je te l'interdis !

FÉROCE

Mais… Monsieur l'Instituteur, je veux apprendre ce qui plus tard me sera le plus important lorsque je serai un crocodile adulte…

L'INSTITUTEUR, *qui menace Féroce avec un fusil.*

Ah oui ?

FÉROCE

C'est injuste ! Vous ne voulez pas que j'aille à l'école ! Puisque c'est ainsi je vais retourner dans les marécages ! Et j'apprendrai seul les choses essentielles de la vie ! Ca me prendra peut-être plus de temps, mais je finirai bien par savoir…

Oui je finirai bien par savoir… dévorer ma proie d'un seul coup de dent !

Féroce s'en va…

Après l'école

Poilmou rencontre Gourmand qui revient de l'école.

POILMOU

Bonjour Gourmand !

GOURMAND

Bonjour Poilmou !

POILMOU

Alors, tu à appris quelque chose d'intéressant aujourd'hui à l'école ?

GOURMAND

Bien sûr, Poilmou, j'ai appris la table des multiplications…

POILMOU

Ah oui ? C'est une table en chêne ? Ou en sapin peut-être ? On peut y manger à combien sur ta table des multiplications ?

GOURMAND

Mais que tu es bête Poilmou ! La table des multiplications ça sert à compter !

POILMOU

Ah bon ? Pour compter on doit monter sur une table ?

GOURMAND

Mais non écoute moi bien :
Deux fois un deux…
Deux fois deux quatre…

POILMOU

Oui c'est assez joli on dirait de la musique !

Des fois zinzin…
Des fois des cartes…

GOURMAND

C'est presque ça Poilmou, mais… pas tout à fait ! Si tu veux demain je t'emmène à l'école, et toi aussi tu pourras apprendre la table des multiplications.

POILMOU

C'est gentil Gourmand mais… je n'ai pas trop de temps à perdre vois-tu… Une autre fois peut-être… Merci…

GOURMAND

D'accords Poilmou ! Comme tu voudras ! Excuse-moi mais je dois rentrer à la maison : j'ai mes leçons à apprendre… Au revoir Poilmou !

POILMOU

Au revoir Gourmand !

GOURMAND

Oh ! Tu as vu Poilmou ! Il vient de passer trois cigognes dans le ciel ! Ah ! En voilà une quatrième ! Oh la la ! Encore deux autres ! Elles sont au moins dix maintenant ! Tu en comptes combien toi ?

POILMOU

Plein ! J'en compte plein !

GOURMAND

Allez je me sauve Poilmou !
J'ai hâte d'apprendre mes leçons ! Bonne soirée Poilmou !

POILMOU

Ah ! Tu t'en vas déjà ? Tu ne veux pas jouer un peu ? On pourrait lancer des cailloux dans la rivière ou attraper des papillons… Ca te dit ?

GOURMAND

Non, pas ce soir Poilmou. Un autre jour si tu veux… Allez au revoir Poilmou !

POILMOU

Au revoir Gourmand !

Gourmand s'en va. Poilmou prend une mine renfrognée. Il imite Gourmand.

"Il vient de passer trois cigognes dans le ciel ! Et gnagnagna !

… En voilà une quatrième ! Et gnagnagna !

Encore deux autres ! Et gnagnagna !

… Au moins dix maintenant ! Et gnagnagna !"

Je vais me mettre en colère ! Gourmand tu m'énerves ! Et puis d'abord elles étaient même pas trois les cigognes.

Elles étaient… Heu… Combien elles étaient déjà ? Aucune importance…

Poilmou quitte la scène puis revient.

Mais… Elles étaient combien les cigognes déjà ? Elles étaient combien les cigognes ?

Il quitte la scène en répétant plusieurs fois "Elles étaient combien les cigognes ?"
Silence. On entends une dernière fois Poilmou en voix off.

Elles étaient combien les cigognes ?

FIN

JE VOUS LAISSE,

J'AI MA CONJUGAISON À RÉVISER...

CROQUER GROUPE 1

JE CROQUE TU CROQUES

JE VAIS TOUS VOUS CROQUER